Kyllä minä joskus julkaisen

KiitosKiitosKiitos

Ninni-Riikka Kautovaara

Kyllä minä joskus julkaisen

Kustantaja: BoD – Books on Demand, Helsinki, Suomi
Valmistaja: BoD – Books on Demand, Norderstedt, Saksa

ISBN: 978-952-80-4761-2

Ja pakkasaamuisin,
kun aurinko nousee kultaisena kiekkona,
ja lumi hohtaa kirkkaana,
tunnen,
että maailmassa ei ole mitään pahaa.

23021988

Ja minä olin pimeän
sylissä
kuin se olisi
sinun sylisi ollut.
Yön valot tuikkivat ikkunassani.
Pimeä kietoi käsivartensa ympärilleni
ja keinutti minut
suloiseen uneen.
Sielu tavoitti sielun.
Pimeässä kohtaan sinut.

26091990

Sumu purjehti kaupungissa.
Ikävä söi sydäntä
hiljalleen
ahmien.
Verkkaan takoi
sydämen rumpu
rakkautta.
Sumu työnsi sormensa
ikkunan rakoon.
Ikävä nielaisi
rakastavan.
Hiljaisuus kulki
kissantassuilla
halki kaupungin
- löytääkseen.

17101990

Kädet ja jalat
piirtävät taikakehää.
Arpa pyörähtää ja kohtalo ratkeaa,
ojenna kätesi ja tunne
rakkauden auran värähtely,
kuuletko kun avaruus huutaa täyttymystä
ja tähdet sulkevat silmänsä
eivätkä nekään mitään näe,
tämähän on näin määrätty,
muistatko,
niinhän sovimme usvan seassa,
emmehän tulisi toimeen ilman toisiamme,
emme niiden vuosisatojen jälkeen,
katso syvälle silmiin ja tunnista minut,
näe kuinka silmäni loistavat kuin äsken nuo avaruuden tähdet,
ymmärrä, että yhdessä me pystymme
valloittamaan maailmankaikkeuden,
pujota sormesi sormieni lomaan ja
tunne kuinka maaginen voima virtaa,
ja muista niin kuin minä muistan,

jotain jonka syntymässä unohdimme,
nyt me onnistumme,
olemmehan oppineet virheistämme,
meillä on jälleen uusi mahdollisuus,
kuuntele ääniä sisälläsi ja
tottele niitä,
nehän tietävät ja muistavat,
ovat eläneet kauemmin kuin sinä ja minä,
ja kuitenkin me olemme olleet
olemassa aina,
maailman taikakehä meidät
jälleen yhdistää.

16011993

Haluaisin kirjoittaa
sinulle runon,
kauniin,
mutta yksinkertaisen
rakkausrunon.
Runon,
jossa kaikki tarpeellinen on sanottu.
Taitoni ei riitä.
Runo on sisälläni
tulematta ulos
Katso suoraan
syvälle silmin
- kuule kun kuiskaan
"Minä rakastan sinua"
Ja näet runon.

13071993

Oi, mahtava kevät!
Häikäisevä aurinko
Loskainen lumi.
Valuvat vedet.
Kärpäsen surina
ikkunan välissä.
Oi, elämän herättävä
kevät!

06041994

Marraskuisen teollisuuskaupungin
äänet pehmenneet.
Kesken kiireisimmän
lauantaiaamun
minulla on aikaa
kävellä hiljalleen
halki lumisateen
kirjastoon ja takaisin.
Muutamien viikkojen päästä
joulu;
ihmisellä aikaa
rauhalle, rakkaudelle,
hiljaisuudelle, hyvälle ololle.

18111995

Sinä varhaisena aamuna
matkalla kaupungin halki
saatoin kuulla
ihmisten nukkuvan.
Teollisuuskaupunginkin
ilma oli raikas hengittää.
Olin onnellinen herättyäni
ajoissa.
Olin onnellinen matkalla
päivän kokemuksiin.

29091996

Pilvet heittävät pisaroita
työmiehien niskaan.
Keittiössä tuoksuu vaniljainen
pulla
ja tansanialainen kahvi.
Isovanhemmilta peritty kello
jatkaa tasaista rytmiään,
vaikka aika on pysähtynyt
tähän iltapäivän hetkeen;
kissojen uniseen tuhinaan.

10091998

Sieluni siniset siivet
kohottavat korkealle
saattelevat syvemmälle.
Voima velloo,
energia elää
ja elämöi
maailmankaikkeudessa,
kajahtelee kaikuna
minussa!

20082000

Solujen suloista sinfoniaa
Aistien runoutta
Galaksien pyörteiden kietoutumista
toisiinsa.
Lähelläsi sydämeni lentää
maailmankaikkeuden keskustaan.

24122000

Olit taas lähelläni.
Niin kuin et koskaan
poissa olisi ollutkaan.
Tahdoin koskettaa
sinua solullani
jokaisella.
Hetken luulin;
en ylety kyllin lähelle.
Sitten paikka, aika katosivat.
Katosivat kehojen rajat.
Oli yksi maailmankaikkeus,
joka hengitti.

01012001

Olin kaivannut kevättä,
lämpeneviä tuulia,
valoistuvia öitä,
lähes salaa palaavien
lintujen laulun
täyttämää ilmaa,
elämään heräävää elämää.
Kaivannut enemmän kuin tiesin.

12042001

Aamuyöstä,
unen ja valveen rajamaassa,
hengähdyksen hetken
kuuntelen
hengitystäsi,
tunnen
lämpösi,
ihosi kosketuksen

kohta tiedän,
valveilla välissämme
runsaasti ruskanhehkuista
kuulasta ilmaa,
silmät avoinna
sisälläni syvä
rauha.
Koin kokematonta.
Ihmetys ihmeellisyydestä.

02102010

Metsän
sylissä suru sydämessä.
Metsän sylissä
kivellä koira kainalossa.
Niin kuin joskus lapsena.
Metsän murheeni kannoin,
surun sulaa annoin
äiti maan poveen.
Olet muistoissani
iloinen, nauravainen,
kujeilevainen
- niin kuin lapsuuden kesien leikeissä

07072013

Joutsenen lento
Fasaanin askel
Kuovin huuto aikojen alkuhämärästä
Lintujen loppumaton lauluketju
Heräävän maan muheva tuoksu
Kultainen kajo peltojen takana
Aamu kevääseen heräävänä

28042018

Olla paljaana ja haavoittuvana
Haavoilla
Olla yksin valokeilassa
Kun koskaan ei ole lohtua, turvaa
Sylipesää
Katsella muureja
Itse kokoamaa turvaa
Oveakaan ei voi avata
Ehkä kurkata raosta
Sattuu kuitenkin
Tulla näkyväksi
Tuskassa
Herkkyydessä avoimeksi
Mitä jos joku näkeekin minut
Mitä jos saankin olla
juuri niin höpsähtänyt, viisas ja lempeä kuin olen.

14112018

Pakkanen heitti tähdet
hangellekin
Tahtoisin luoda
timantinhohtoisen
laulun
Sanoittaa sielun
läsnäolon
Ilmaista sanoja
joita ei ole
Maalata näkymättömän

03012019

Minussa on ikävä
joka ei ehkä koskaan lakkaa.
Aina ja koko ajan.
Ikuisesti.
Ikävä, joka on
huudattanut tuskassaan,
itkettänyt hiljaisia kyyneleitä,
naurattanut hulluudessaan.
Ikävä josta haluaisin päästää irti
enkä halua päästää irti.
Ikävä jota opettelen tuntemaan.

17112019

Naisten aika.
Sanat suvun naisien.
Vahva voima naiseuden.
Katso,
nämä ovat minun muistoni,
näitä ovia olen temponut,
näistä kulkenut.
Katso,
nämä ovat yhteiset muistomme,
näitä ovia olemme temponeet,
näistä kulkeneet.
Nämä ovat meidän parantuvat
haavamme ja kipumme.
Tämä on rakkautemme
jota olemme jakaneet hiljaa.

07012020

Se rikkoutuu
murenee
murskautuu
kerran
kymmenen kertaa
sata kertaa
tuhat kertaa!
Kuori kuorelta.
Pelko värähtelee
soluissa.
Antautua tapahtuvalle.
Kunnes:
sykkivä
elävä
kultainen
todellinen
sydän.

17042020

Kevätillan
väreinä haipuva
valo
hyväilynä keholla.
Herättämässä
uinuvia tunteita.

20042020

Ja sitten on
päiviä kun kaikki on
rakkautta.
Kun ihmeellisiä asioita tapahtuu.
Kun tähdet ovat kirkkaita
vaikka niitä ei näy.
Kun tuuli on pehmeä kylmyydessään.
Kun jokainen solu huutaa elämää.
Kun nauru on aina huulilla.
Ja hiukset pörrössä.

24042020

Minulla on lupa
ikävään, kaipaukseen, suruun.
Yhteen palmikoituna
kerälle kiertyneenä käärmeenä
rinnassa,
kauniina ja hohtavana,
elävänä, liikkuvana,
aaltoilevana, kiemurtelevana.

22092020

Tahdon elämää elämääni:
Kissojen rikkomia ruukkuja,
koirien tassujen tuoksua,
hevosten ja aasien turpia,
kanojen nokkimisjärjestyksiä,
lampaiden villavia turkkeja,
sikojen kauneuskylpyjä,
lehmien zen-märehdintää,
kuivan heinän pölyä ihohuokosissa,
multaa kynsien alla,
palavan puun rätinää,
naurua,
laulua ja tanssia,
kyyneliä,
eteiseen potkaistuja saappaita,
villasukkia mytyssä lattialla,
kolhaistuja mukeja.
Elämänmakuisia hetkiä.

10102020

Kun ei koskaan
riittävä
tai
aina jotain liikaa
eikä sittenkään
riittävä.
Kun ei mahdu
muottiin tai muotiin.
Kun kukaan ei näe eikä kuule.
Kun joskus joku
joka ei piittaa miten muut.

22102020

Tähdet sammuttavat lyhtynsä
ja täysikuu muuttuu pimeäksi.
Tuuli tiputtaa reunalta.
Valumat kasvoilla.
Sirpaleita rintakehässä
viiltämässä uudestaan ja uudestaan.
Voimattomuus vetäistä henkeä sisään ja ulos
jatkuvana elämän virtana.
Ehkä silti jossain väreilee jotain.
Pohjalla voi istua.

01112020

Sinä vuonna
kun maailma tuli hulluksi
Sinä vuonna
kun ihmiset näkivät pimeyttä
Sinä vuonna
kylän kuuseen ilmestyi
joulun aikaan
satoja pieniä valoja
Kuin taivaan tähtikuviot
olisivat laskeutuneet kuusen ylle
Kuin kuusi olisi suoristanut
ryhtinsä
ylpeydestä
saadessaan jakaa taivaallista kauneutta
Valaista ihmisten sydämiä
Sinä vuonna
uusi valo syttyi sydämeeni.

13122020

"Sinä olet suloisen ihana"
sanoin itselleni, kun tassuttelin
ruttuisissa villasukissani keittiöön.
"Taidan rakastaa minua"
Purskahdin helisevään nauruun.
Kyllä, kyllä, kyllä!
Minä rakastan minua!

26122020

Juuri tänään
tahtoisin nukahtaa syliin
rakkaan hengityksen sisälle
Juuri tänään
tahtoisin muovautua kosketuksen alla
Juuri tänään
tahtoisin olla pehmeä ja lämmin
Juuri tänään
Ja uudelleen huomenna

17012021

Suru
teki kotinsa minuun
Veti villasukat jalkaansa ja
asettui taloksi
Minä seisoin surun hiljaisuudessa
ja hymyilin maailman kauneudelle
Jätti kuitenkin oven auki
jos ilo pitäisi kimppakämpästä

10022021

Heräsin
sydän pieninä palasina
jokainen sirpale viiltämässä rintaa
sisältä päin
Ehkä huomenna jaksan
koota sirpaleiden palapeliä kokoon
Jos en huomenna
ehkä ensi viikolla
Ehkä joskus minussa on elämää

21032021

Tänään täysikuun alla olen onnellinen
Olen nauranut vuoden vatsatreenit
Olen laulanut autoni täyteen säveliä
Olen haistanut kevään iltatuulessa
Olen hymähdellyt elämän kierolle huumorille

26032021

Lämpimän kevätillan sylissä
turvassa.
Kuunsirppi iskee silmää hitaasti
tummuvalla taivaalla.
Joutsenten tuttu huuto lahdella.
Saunan tuoksupilvi hiuksissa.
Hetken täydellisyys.
Hetken läsnäolo.
Hetken onnellisuus.

17042021

Huhtikuun viileän
aamun kohmeat sormet
Heräävässä kaupungissa
lokin huudossa
lapsuuteni laulu

21042021

Tunsimme toisemme
toisessa ajassa
toisessa paikassa
Paloimme vahvana liekkinä yhdessä
ja erossa
Syvällä tunteessa
kaikuja kaukaa menneestä
Kosketus yli ajan ja paikan
Olen osa sinua ikuisesti

01052021

Pääskysten lennossa sieluni laulu.
Tuulessa tuoksuva mennyt sade.
Pilvissä auringon kurkistus.
Hyvänyöntoivotus.
Henkäys onnea.

28052021

Valvon öisin
satoja sanoja sanottavana.
Puhuisin maailmasta,
tähdistä ja niiden pölystä,
mullasta ja juurakoista,
soinnuista ja sävelistä,
askeleista ja enkelin siivistä,
hiljaisuuden kosketuksesta,
keijukarkeloista,
sydämen sykkeestä
ja universumin henkäyksistä,
täysikuusta ja noitaliemistä,
rakkaudesta ja kyynelistä.

29052021

Kesäyö
sipaisee tuulahduksena
avoimesta ikkunasta
helteisen paahteen jäljet
iholta
kuin
rakastetun käden kosketus.

02072021

Saanko luvan
sanoa sinulle rakas.
Saanko luvan
tehdä pesän syliisi.
Saanko luvan
kuiskata nimesi.
Saanko luvan
elämän tanssiin
loputtomaan.

02072021

Kun maailmankaikkeus
toistaa sinun suullasi
kauneuttaan, minun kauneutta,
rakkauttaan
Kun aika lakkaa olemasta
ja päivät katoavat toistensa sisälle
Kun nimet, paikat, aikakaudet
sekoittuvat toisiinsa
ja minä lakkaan olemasta
olemalla kaikki

27082021

Tahdon kokea maailmankaikkeuden
kauneuden
ihollasi.
Tahdon hengittää sydämesi rytmiä.
Tahdon nauraa naurusi sisällä,
koskettaa kyynelilläni huuliasi.
Tahdon tuntea ilosi sormenpäissäni,
huutaa nimeäsi maailmankaikkeuden keskustassa.

05092021

Rakkaus minussa
oppii olemaan
hiljaa.
Kun sanat on
riisuttu,
huulilta
tiputettu tuuleen.
Kun katseet kääntävät
selkänsä
ja kävelevät toisista ovista.
Rakkaus minussa
oppii olemaan
hiljaa.

10092021

Lepään rakkaudessa
rakkauden sisällä.
Siinä olet sinä,
siinä olen minä,
meidän rakkautemme.
Se rakkaus, joka minussa on,
se rakkaus, joka sinussa on,
rakkaudet yhdessä,
voimakenttänä.
Ikuisena pyörteenä.

16092021